اسکول - el colegio | 2
سفر - el viaje | 5
آمد و رفت - el transporte | 8
شهر - la ciudad | 10
زمینی منظر - el paisaje | 14
روسٹورینٹ - el restaurante | 17
سپر مارکیٹ - el supermercado | 20
مشروب - las bebidas | 22
خوراک - la comida | 23
فارم - la granja | 27
گھر - la casa | 31
لوونگ روم - el living | 33
باورچی خانو - la cocina | 35
غسل خانو - el baño | 38
بارن جو کمرو - el cuarto de los chicos | 42
لباس - la ropa | 44
آفس - la oficina | 49
معیشت - la economía | 51
پیشو - las ocupaciones | 53
اوزار - las herramientas | 56
موسیقی جا اوزار - los instrumentos musicales | 57
چڑیا گھر - el zoológico | 59
راند - los deportes | 62
سرگرمیون - las actividades | 63
خاندان - la familia | 67
جسم - el cuerpo | 68
اسپتال - el hospital | 72
ایکسری - la emergencia | 76
زمین - la Tierra | 77
کلاک - el reloj | 79
هفتو - la semana | 80
سال - el año | 81
شکلون - las formas | 83
کلر - colores | 84
مخالف - los opuestos | 85
نمبرز - los números | 88
بولیون - los idiomas | 90
کیر / چا / کین - quién / qué / cómo | 91
کاٹی - dónde | 92

Impressum
Verlag: BABADADA GmbH, Nedderfeld 112 , 22529 Hamburg
Geschäftsführer / Verlagsleitung: Harald Hof
Druck: Books on Demand GmbH, In de Tarpen 42, 22848 Norderstedt

Imprint
Publisher: BABADADA GmbH, Nedderfeld 112 , 22529 Hamburg, Germany
Managing Director / Publishing direction: Harald Hof
Print: Books on Demand GmbH, In de Tarpen 42, 22848 Norderstedt

اسڪول

el colegio

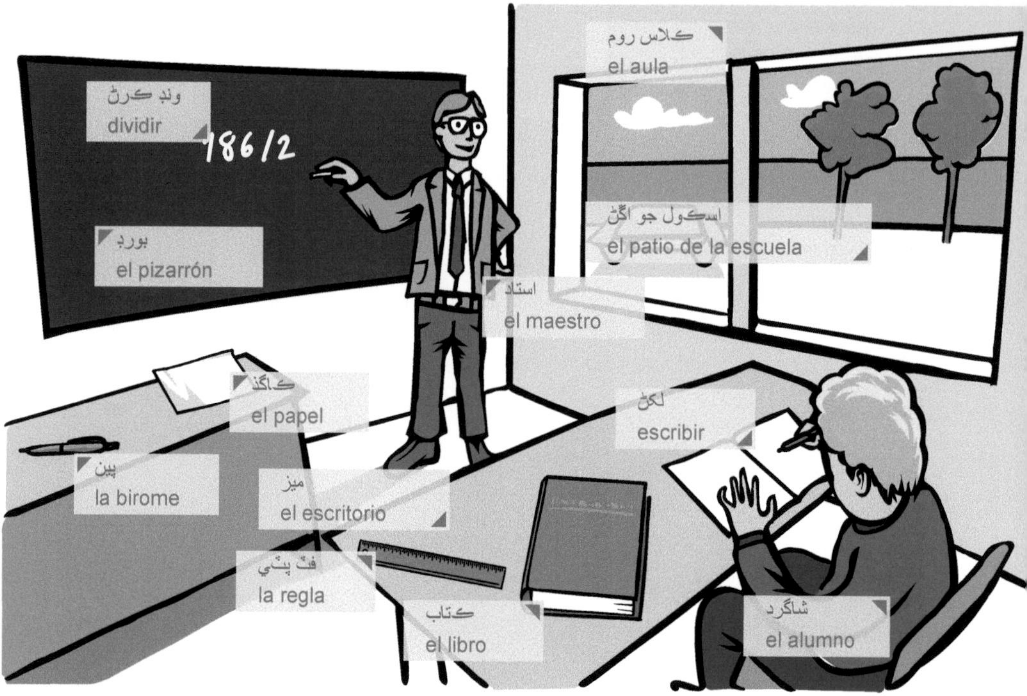
ڪلاس روم
el aula
ونڊ ڪرڻ
dividir
186/2
بورڊ
el pizarrón
اسڪول جو اڱڻ
el patio de la escuela
استاد
el maestro
ڪاڳذ
el papel
لکڻ
escribir
پين
la birome
ميز
el escritorio
فٽ پٽي
la regla
ڪتاب
el libro
شاگرد
el alumno

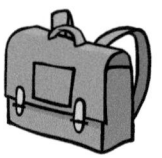

بستو
la mochila

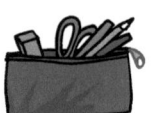

پينسل باڪس
la caja de lápices

پينسل
el lápiz

پينسل شارپنر
el sacapuntas

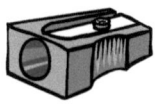

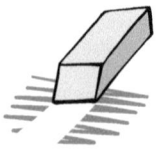

ربڙ
la goma (de borrar)

ڊرائنگ پيڊ
el bloc de dibujo

برائنگ

el dibujo

پینٹ برش

el pincel

پینٹ باکس

la caja de pinturas

قینچي

la tijera

کٹونر

el pegamento

مشق کرٹ واري کاپي

el cuaderno de ejercicios

ہوم ورک

la tarea

12

عدد

el número

2+2

جوڑ کرٹ

sumar

5-2

کٹ کرٹ

restar

2×2

ضرب کرٹ

multiplicar

حساب کرٹ

calcular

A

خط

la letra

ABCDEFG
HIJKLMN
OPQRSTU
VWXYZ

الفابیٹ

el abecedario

لفظ

la palabra

مضمون

el texto

پڑھنا

leer

چاک

la tiza

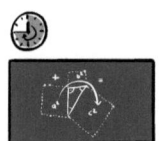

سبق

la lección

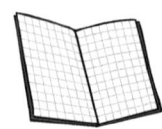

رجسٹر

el cuaderno de clase

امتحان

el examen

سرٹیفیکیٹ

el certificado

اسکول یونیفارم

el uniforme escolar

تعلیم

la educación

انسائیکلوپیڈیا

la enciclopedia

یونیورسٹی

la universidad

خوردبینی

el microscopio

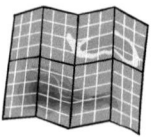

نقشہ

el mapa

ردی جی ٹوکری

el tacho (de basura)

سفر
el viaje

هوٽل
el hotel
Grand
هاسٽل
el hostel
ROOMS
رقم تبديل ڪرائڻ جي آفيس
la casa de cambio
EXCHANGE
سوٽ ڪيس
la valija
ڪار
el auto

ٻولي

el idioma

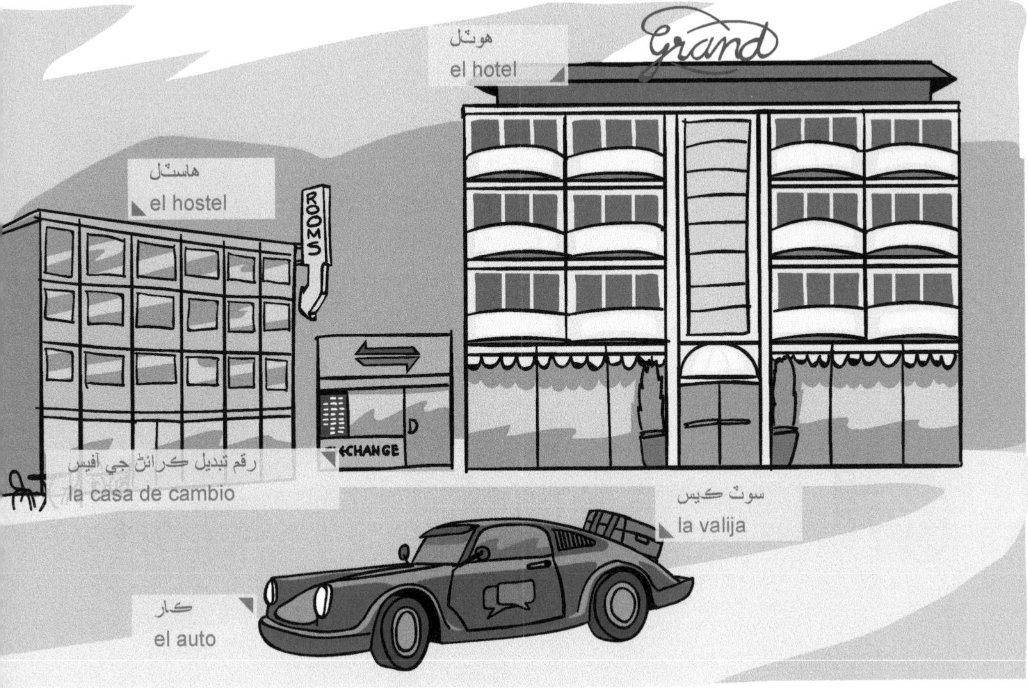

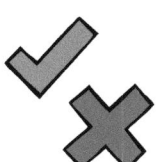

ها يا نه

sí / no

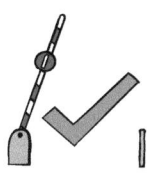

صحيح آهي

Está bien

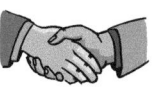

هيلو

hola

مترجم

el traductor

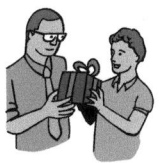

مهرباني

Gracias

هن جي قيمت گهٹي آهي،.....؟

¿cuánto cuesta…?

مون كي سمجه ۾ نٿو اچي

No entiendo

مسئلو

el problema

گڊ ايوننگ

¡Buenas tardes!

صبح بخير

¡Buenos días!

شب خير

¡Buenas noches!

الوداع

el adiós

طرف

la dirección

سفري سامان

el equipaje

بيگ

el bolso

پويان بڌن وارو بيگ

la mochila

مهمان

el invitado

ڪمرو

la habitación

بستر وارو بيگ

la bolsa de dormir

خيمو

la carpa

سياحت بابت معلومات
....
la información turística

سمندُ كنارو
....
la playa

كريتِّدُ كارډ
....
la tarjeta de crédito

ناشتو
....
el desayuno

لنچ
....
el almuerzo

ډنر
....
la cena

ټكټ
....
el pasaje

لفټ
....
el ascensor

مهر
....
el sello

سرحد
....
la frontera

گاهک
....
la aduana

سفارتخانو
....
la embajada

ويزا
....
la visa

پاسپورټ
....
el pasaporte

آمد و رفت

el transporte

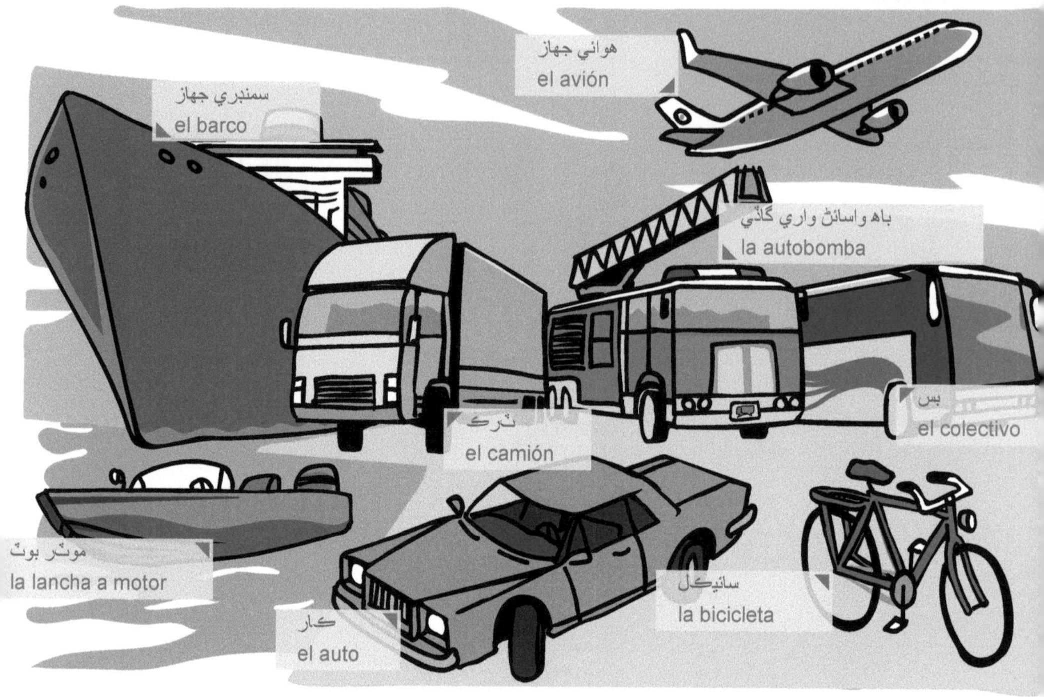

هوائي جهاز
el avión
سمندري جهاز
el barco
باھ واسائڻ واري گاڏي
la autobomba
ٽرڪ
el camión
بس
el colectivo
موٽر بوٽ
la lancha a motor
ڪار
el auto
سائيڪل
la bicicleta

فيري

el ferry

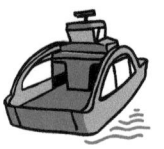

بيڙي

el bote

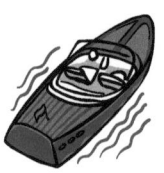

موٽر سائيڪل

la moto

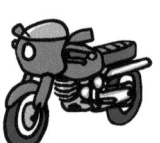

پوليس ڪار

el patrullero

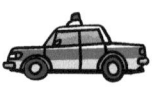

ريسنگ ڪار

el auto de carreras

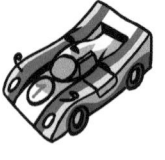

رينٽل ڪار

el auto de alquiler

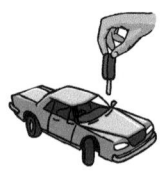

چشنیرنگ کار
el alquiler de autos

چکٹ وارو ٹرک
la grúa

کچري واري ٹرک
el camión de la basura

کار
el motor

فیول
la nafta

پیٹرول اسٹیشن
la estación de servicio

ٹریفک جا نشان
la señal de tránsito

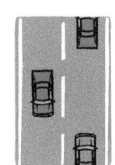

ٹریفک
el tránsito

ٹریفک جام
el embotellamiento

کار پارک
el estacionamiento

ٹرین اسٹیشن
la estación de tren

پٹڑیون
las vías

ٹرین
el tren

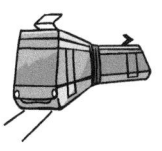

ٹرام
el tranvía

ویگن
el vagón

هيليكاپټر
....
el helicóptero

ايئرپورٽ
....
el aeropuerto

ٽاور
....
la torre

مسافر
....
el pasajero

كنٽينر
....
el contenedor

ڊٻو
....
la caja de cartón

ريڙهي
....
la carretilla

ٽوكري
....
la canasta

اڏرڻ / زمين تي لهڻ
....
despegar / aterrizar

شهر

la ciudad

ڳوٺ
....
el pueblo

شهر جو مركز
....
el centro de la ciudad

گهر
....
la casa

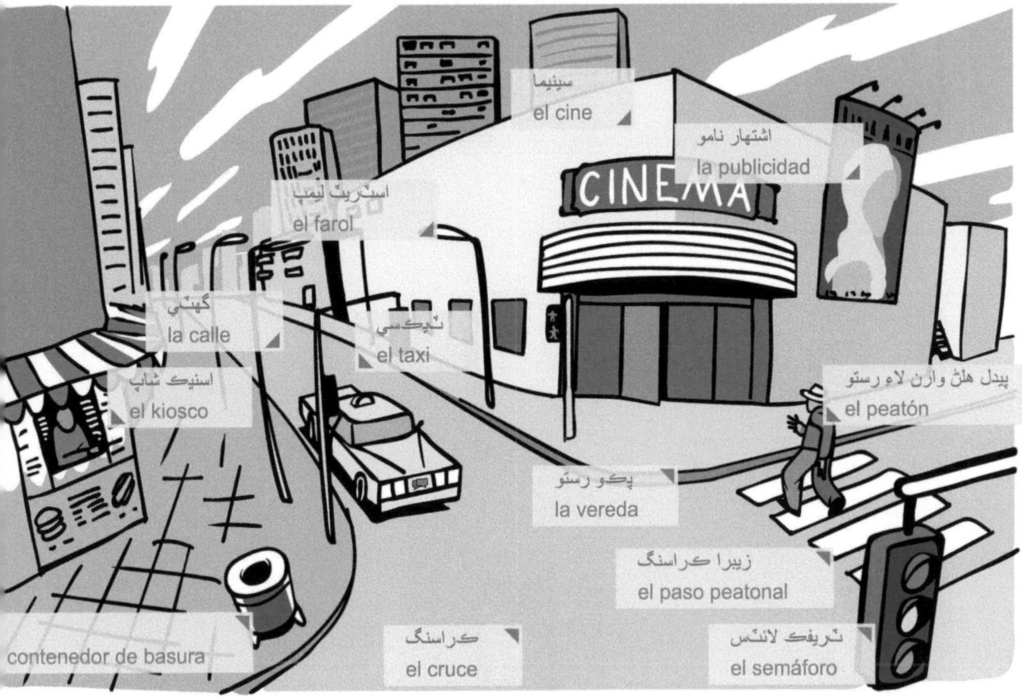

سينيما
el cine

اشتهار نامو
la publicidad

اسٹریٹ لیمپ
el farol

گیٹی
la calle

ٹیکسی
el taxi

پیدل ھلٹ وارن لاء رستو
el peatón

اسنیک شاپ
el kiosco

پکو رستو
la vereda

زيبرا کراسنگ
el paso peatonal

contenedor de basura

کراسنگ
el cruce

ٹریفک لائٹس
el semáforo

جھوپڑی
....
la cabaña

فلیٹ
....
el departamento

ٹرین اسٹیشن
....
la estación de tren

ٹاؤن ھال
....
la municipalidad

عجائب گھر
....
el museo

اسکول
....
el colegio

يونيورسٽي

la universidad

بينڪ

el banco

اسپتال

el hospital

هوٽل

el hotel

فارميسي

la farmacia

آفس

la oficina

ڪتابن جي ڪتاب

la librería

دڪان

el negocio

گلن جي دڪان

la florería

سپر مارڪيٽ

el supermercado

مارڪيٽ

el mercado

ڊپارٽمينٽ اسٽور

las grandes tiendas

مڇي جي دڪان

la pescadería

شاپنگ سينٽر

el centro comercial

بندرگاھ

el puerto

پارک

el parque

بینچ

el banco

پل

el puente

ٹاکن

las escaleras

زیر زمین میٹرو

el subte

سرنگ

el túnel

بس اسٹاپ

la parada del colectivo

شراب خانو

el bar

روسٹورینٹ

el restaurante

پوسٹ باکس

el buzón

اسٹریٹ سائن

el letrero

پارکنگ میٹر

el parquímetro

چڑیا گھر

el zoológico

سوئمنگ پول

la pileta

مسجد

la mezquita

فارم

la granja

آلودگی

la contaminación

قبرستان

el cementerio

چرچ

la iglesia

راند جو ميدان

los juegos infantiles

مندر

el templo

زميني منظر

el paisaje

پتو
la hoja

سائن بورڊ
el poste indicador

رستو
el camino

ساوكو واري زمين
la pradera

پٿر
la piedra

وڻ
el árbol

پيادل هلڻ وارو هائيكر
el excursionista

دريا
el río

چير
la hierba

گل
la flor

وادي

el valle

جبل

la montaña

ڊينڊ

el lago

ڳڻ

el bosque

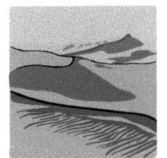

ريگستان

el desierto

آتش فشان

el volcán

قلعو

el castillo

اندلٿ

el arco iris

ڪڀي

el champiñón

ڪهجي جو وٽ

la palmera

مڇر

el mosquito

مک

la mosca

ڪيولي

la hormiga

ماكي جي مک

la abeja

مڪڙي

la araña

تَنديثْ

el escarabajo

ڈيرَر

la rana

نورينَرو

la ardilla

جاهو

el erizo

خرگوش

la liebre

چهرو

la lechuza

پکي

el pájaro

بدک

el cisne

سوئر

el jabalí

هرڻ

el ciervo

آمريكي هرڻ جو قسم

el alce

ڊيم

la presa

هوا سان هلڻ وارونّربائين

el aerogenerador

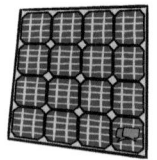

سولر پينل

el panel solar

آب و هوا

el clima

ويٹر
el mozo

كاٹي جي فهرست
el menú

كرسي
la silla

سوپ
la sopa

پيزا
la pizza

ٹيبل جو كپڙو
el mantel

چهري كانٹا
los cubiertos

اسٹارٹر
la entrada

مين كورس
el plato principal

كاٹي كانپوء كانٹ وارو مٿو
el postre

مشروب
las bebidas

خوراك
la comida

بوتل
la botella

فاسٹ فوڈ

la comida rápida

اسٹریٹ فوڈ

la comida callejera

کیتلی

la tetera

شگر باؤل

la azucarera

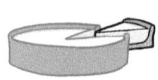

ٹکڑو

la porción

ایسپریسو مشین

la cafetera expreso

اونچی کرسي

la sillita alta

بل

la cuenta

ٹري

la bandeja

چھري

el cuchillo

کانٹو

el tenedor

چمچ

la cuchara

چائهن جو چمچو

la cucharita

سرويٹي

la servilleta

گلاس

el vaso

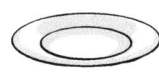

پلیٹ

el plato

سوپ پلیٹ

el plato hondo

ساسر

el plato

چٹني

la salsa

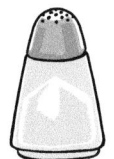

لوڻ داني

el salero

مرچ پيسڻ وارو

el molinillo de pimienta

سرکو

el vinagre

کاڏو پچائڻ وارو تيل

el aceite

مصالحو

las especias

کيچ اپ

el kétchup

سرنهن

la mostaza

مايونيز

la mayonesa

سپر مارڪيٽ

el supermercado

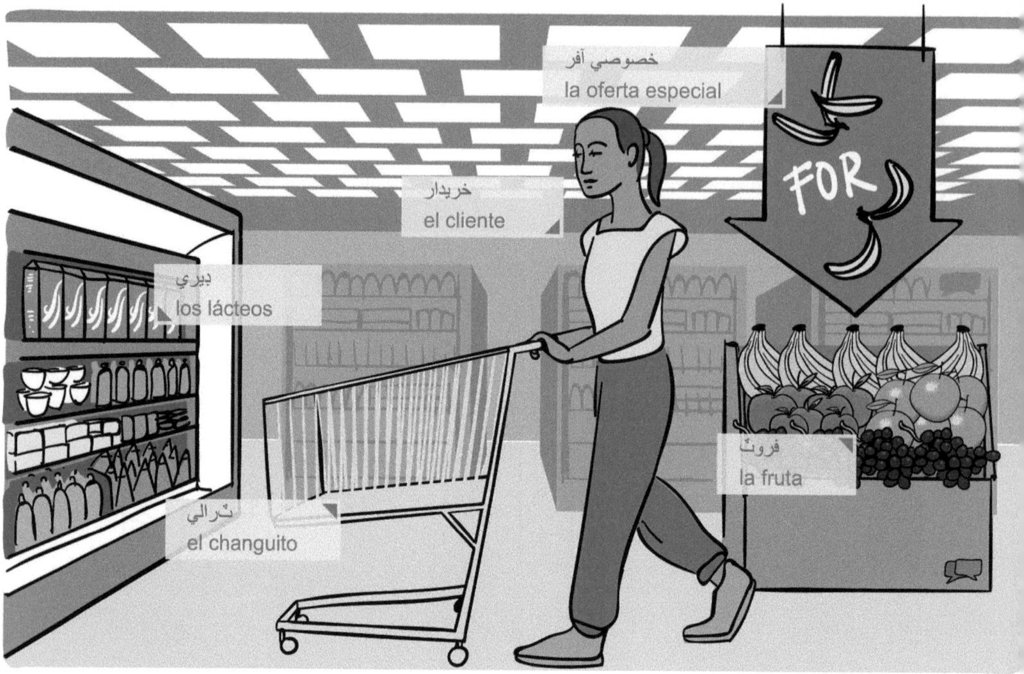
خصوصي آفر
la oferta especial
FOR
خريدار
el cliente
ڊيري
los lácteos
فروٽ
la fruta
ٽرالي
el changuito

BUTCHERS

گوشت جي دڪان

la carnicería

BAKERY

بيڪري

la panadería

وزن ڪرڻ

pesar

سبزيون

las verduras

گوشت

la carne

جميل کاڌو

los alimentos congelados

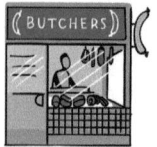

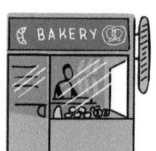

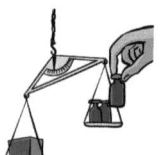

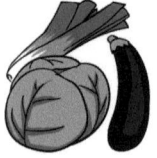

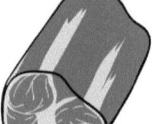

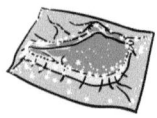

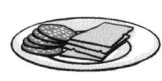

سردو گوشت

los fiambres

ڊٻي ۾ بند ڪاڌو

los alimentos enlatados

واشنگ پاؤڊر

el detergente en polvo

مٺائي

las golosinas

گهريلو سامان

los electrodomésticos

صفائي ڪرڻ وارا پراڊڪٽس

los productos de limpieza

سيلز پرسن

la vendedora

ڪيش رجسٽر

la caja

خزانچي

el cajero

خريداري جي فهرست

la lista de compras

اوقات ڪار

el horario de atención

پرس

la billetera

ڪريڊٽ ڪارڊ

la tarjeta de crédito

بيگ

la cartera

پلاسٽڪ بيگ

la bolsa de plástico

las bebidas

پاڼی

el agua

جوس

el jugo

کیر

la leche

کوک

la bebida cola

وائن

el vino

بینر

la cerveza

الکوھل

el alcohol

کوکو

el cacao

چائی

el té

کافي

el café

ایسپریسو

el café expreso

کپیو چینو

el cappuccino

كيلو

la banana

صوف

la manzana

مالْتو

la naranja

خربوذو

el melón

ليمون

el limón

گجر

la zanahoria

ثّوم

el ajo

بانس

el bambú

بصر

la cebolla

كنيي

el champiñón

اخروٹ، بادام

las nueces

نوڈلز

los fideos

اسپيگَتّي
....
los tallarines

چانور
....
el arroz

سلاد
....
la ensalada

چپس
....
las papas fritas

تريل پتّاتّا
....
las papas fritas

پيزا
....
la pizza

هيم برگر
....
la hamburguesa

سينڊوچ
....
el sándwich

گوشت جو نّڪرو
....
el churrasco

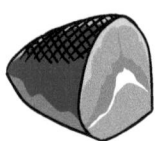

سور جي ران جو گوشت
....
el jamón

خشڪ گوشت
....
el salame

ساسيج
....
la salchicha

مرغي
....
el pollo

روسٽ
....
el asado

مڇي
....
el pescado

جوَ جو دليا

los copos de avena

ميوزلي

el muesli

كارن فليكس

los copos de maíz

اٹّو

la harina

كرونسنٹ

la medialuna

بريڈ رول

el pancito

بريڈ

el pan

ٹّوسٹ

la tostada

بسكٹ

las galletitas

مكّٹا

la manteca

دهي

la cuajada

كيك

la torta

انڈا

el huevo

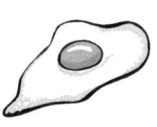

فرائي ٹيل اندو

el huevo frito

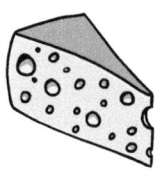

پنير

el queso

خوراک - la comida

25

آئس کریم

el helado

کند

el azúcar

ماکی

la miel

مربو

la mermelada

چاکلیٹ اسپریڈ

la pasta de chocolate

پاجی

el curry

فارم
la granja

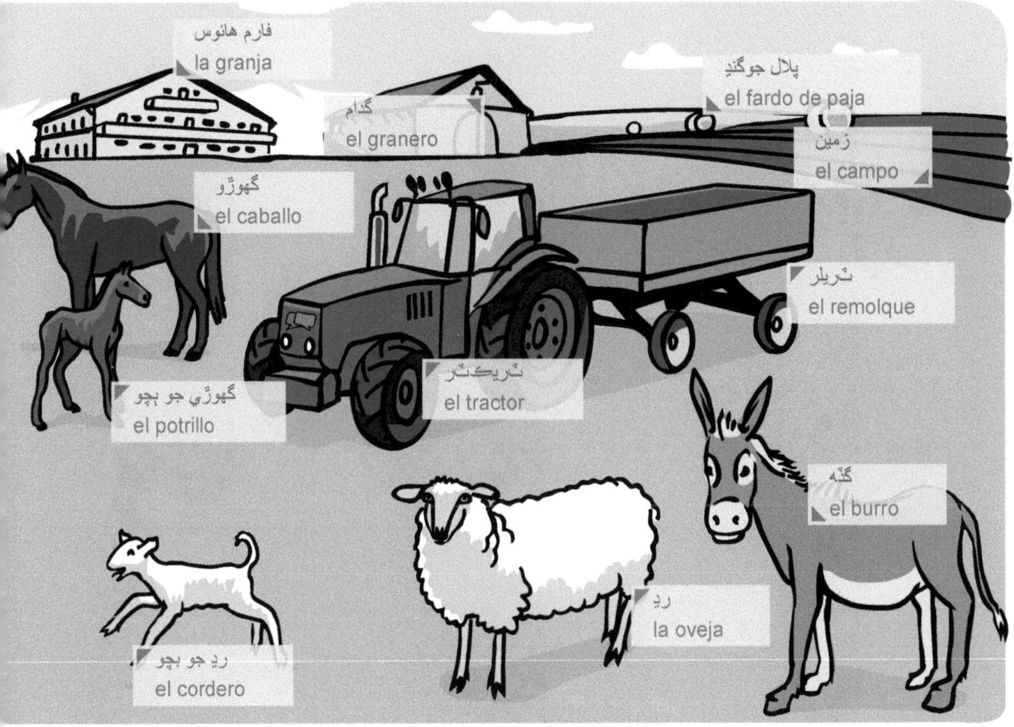

فارم هائوس
la granja
گدام
el granero
پلال جوگنڊ
el fardo de paja
زمين
el campo
گهوڙو
el caballo
ٽريلر
el remolque
ٽريڪٽر
el tractor
گهوڙي جو ٻچو
el potrillo
گڏه
el burro
رڍ
la oveja
رڍ جو ٻچو
el cordero

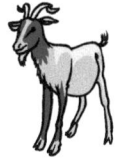

ٻڪري
la cabra

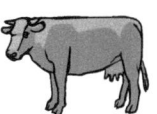

ڳئون
la vaca

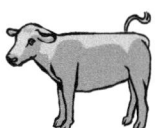

پاڏو
el ternero

سوئر
el cerdo

سوئر جو ٻچو
el lechón

ڍڳو
el toro

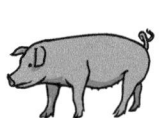

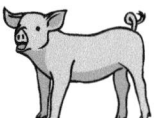

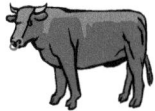

هنس

el ganso

بدڪ

el pato

چوزا

el pollo

مرغي

la gallina

مرغو

el gallo

ڪونو

la rata

ٻلي

el gato

ڪونو

el ratón

ڏاند

el buey

ڪتو

el perro

ڪتي جو گهر

la cucha

گاربن هوز

la manguera

پاڻي جو ڪين

la regadera

ڏاٽو

la guadaña

هر

el arado

ڈاٹرو

la hoz

رنبو

la azada

ڈانداري

la horquilla

کھاڑو

el hacha

هټ سان هلانڈ واري ریڑهي

la carretilla

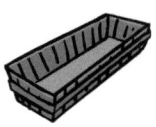

حوض

el abrevadero

کیر جو ڈبو

la lechera

ڳوڻ

la bolsa

لوڑهو

la reja

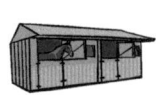

اصطبل

el establo

گرین هائوس

el invernadero

مٽي

el suelo

ٻج

la semilla

کهاد

el fertilizador

کمبائنڈ هارویسٽر

la cosechadora

فصل کٽڻ

cosechar

فصل کٽڻ

la cosecha

هڪ قسم جي تر کاري

las batatas

ڪڻڪ

el trigo

سويا

la soja

پٽاٽو

la papa

مکاني

el maíz

توري جو ٻج

la semilla de colza

ميون جو وڻ

el árbol frutal

ڪساوا

la mandioca

اناج

los cereales

گهر
la casa

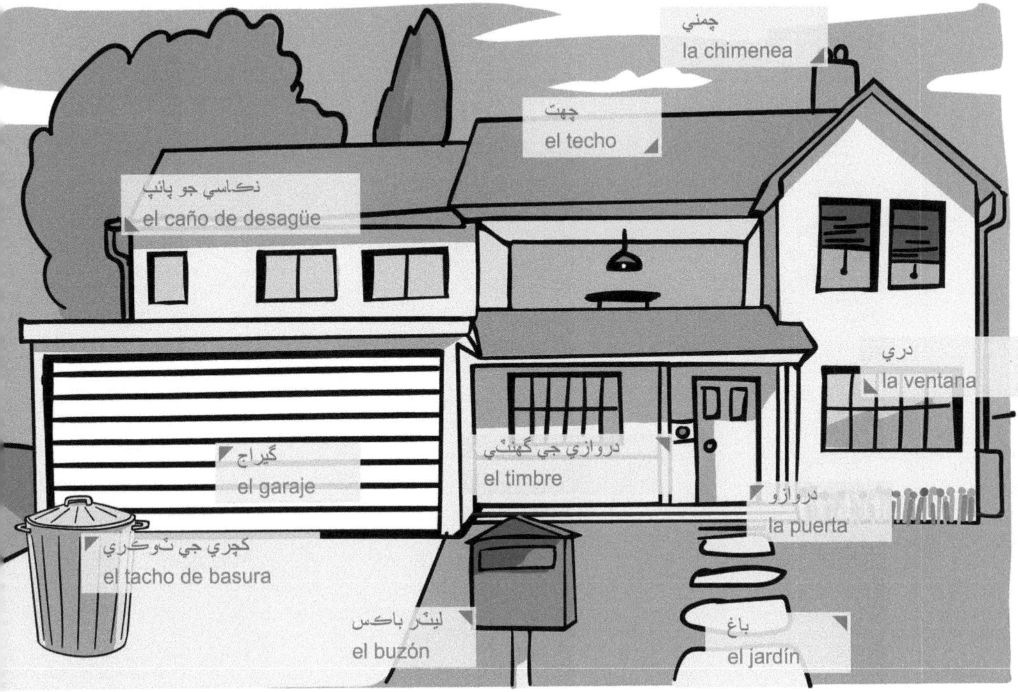
چمني
la chimenea
ڇت
el techo
نڪاسي جو پائپ
el caño de desagüe
دري
la ventana
گيراج
el garaje
دروازي جي گھنٽي
el timbre
دروازو
la puerta
ڪچري جي ٽوڪري
el tacho de basura
ليٽر باڪس
el buzón
باغ
el jardín

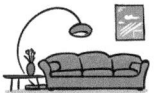

لوونگ روم
el living

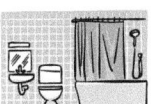

غسل خانو
el baño

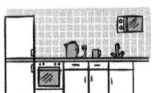

باورچي خانو
la cocina

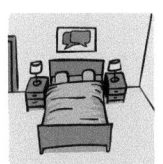

بيڊروم
el dormitorio

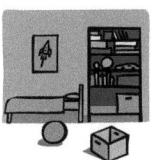

ٻارن جو ڪمرو
el cuarto de los chicos

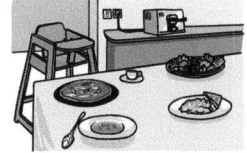

ڊائننگ روم
el comedor

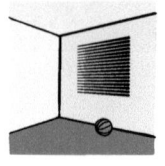

فرش

el piso

ديوار

la pared

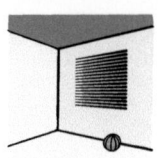

چهت

el cielorraso

تهخانو

el sótano

ٻاٺ وارو غسل

el sauna

بالاكوني

el balcón

ٻيرس

la terraza

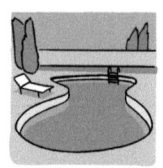

تلاؤ

la pileta

گاه كٽڻ واري مشين

la cortadora de pasto

چادر

la sábana

چادر

el acolchado

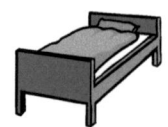

بيد

la cama

جهاڙو

la escoba

بالٽي

el balde

سونچ

el interruptor

لوونګ روم

el living

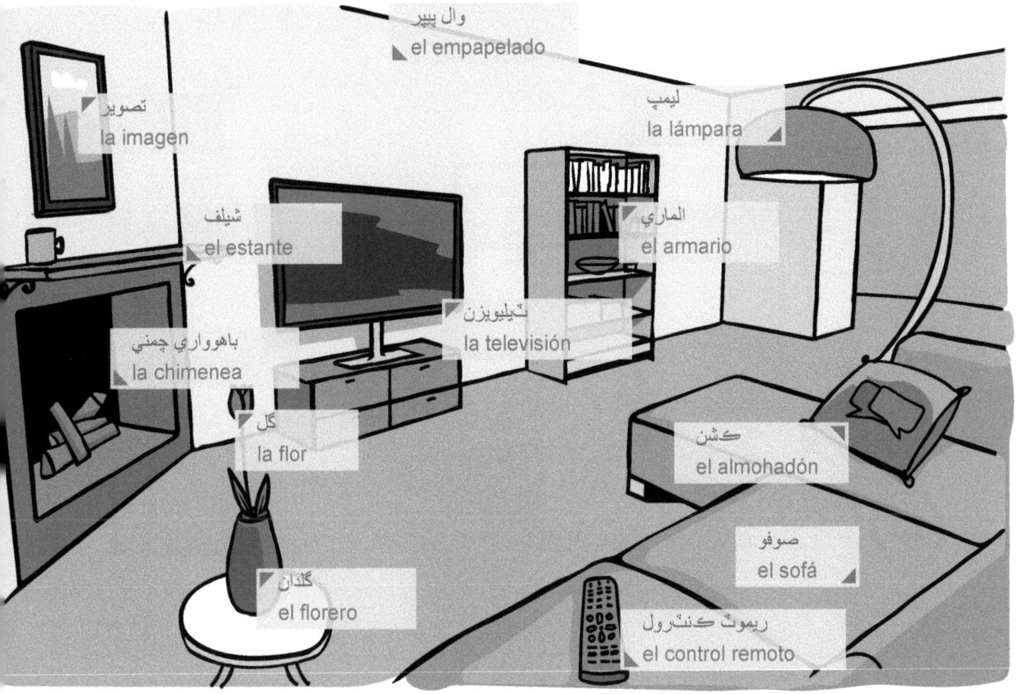

وال پیپر
el empapelado
تصویر
la imagen
لیمپ
la lámpara
شیلف
el estante
الماري
el armario
ټیلیویزن
la televisión
باهوواري چمني
la chimenea
ګل
la flor
کشن
el almohadón
صوفو
el sofá
ګلدان
el florero
ریموټ کنټرول
el control remoto

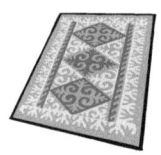

قالین

la alfombra

پردو

la cortina

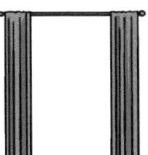

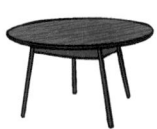

میز

la mesa

کرسي

la silla

لړڅ واري کرسي

la mecedora

آرام کرسي

el sillón

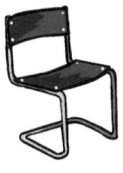

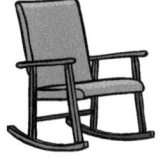

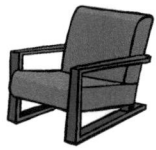

كِتاب

el libro

كمبل

la frazada

آرائش

la decoración

ٻارڻ واريون ڪاٺيون

la leña

فلم

la película

هاڻي فاڻي

el equipo de música

چاٻي

la llave

اخبار

el diario

پينٽنگ

la pintura

پوسٽر

el póster

ريڊيو

la radio

نوٽ بڪ

el cuaderno

ويڪيوم ڪلينر

la aspiradora

ٿوهر جو ٻوٽو

el cactus

ميڻ بتي

la vela

باورچي خانو

la cocina

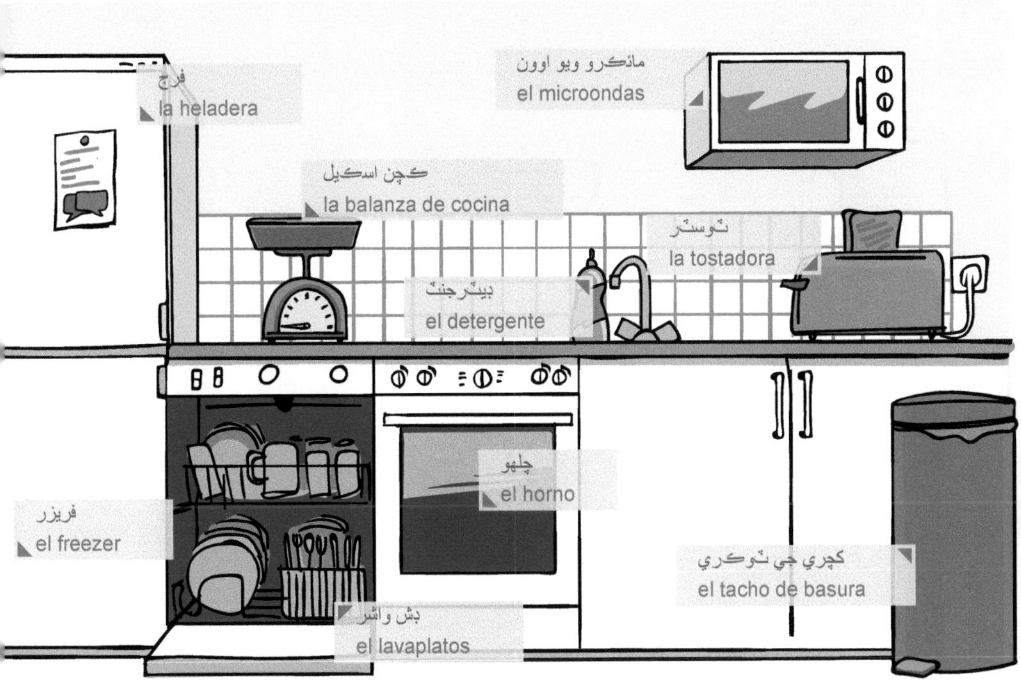
فرج
la heladera
مائڪرو ويو اوون
el microondas
ڪچن اسڪيل
la balanza de cocina
ٽوسٽر
la tostadora
بيٽرجنٽ
el detergente
چلهو
el horno
فريزر
el freezer
ڪچري جي ٽوڪري
el tacho de basura
بش واشر
el lavaplatos

ڪُڪر

la cocina

ٿانوَ

la olla

ڪاسٽ آئرن جا ٿانو

la olla de hierro fundido

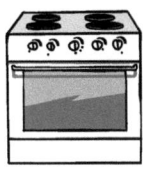

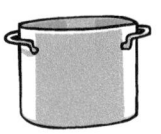

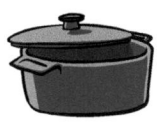

ڪڙهائي

el wok

ترڙ وارو ٿانو

la sartén

ڪيٽلي

la pava

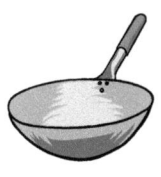

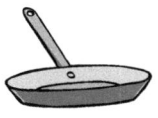

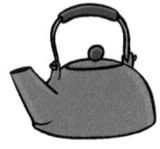

اسٹیمر

la vaporera

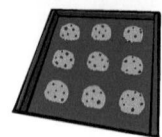

بیکنگ ٹری

la bandeja de horno

کراکري

la vajilla

مگ

la taza

پیالو

el bol

چاپ اسٹکس

los palitos

ڈوئي

el cucharón

ٹفٹی

la espátula

سبزي مکسر

la batidora

چھاٹي

el colador

چھاٹي

el colador

کدو کش وارو اوزار

el rallador

اکري

el mortero

بار بي کیو

la parrilla

کلیل باه

la fogata

سبزي کټنګ وارو بورډ

la tabla de picar

ویلڼ

el palo de amasar

کارک اسکریو

el sacacorchos

کین

la lata

کین اوپنر

el abrelatas

تانوَ پکړڼ وارو کپړو

la manopla

سنک

la pileta

برش

el cepillo

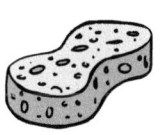

اسفنج

la esponja

بلیندر

la batidora

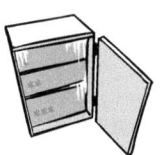

ډیپ فریزر

el congelador

بار جي بوتل

la mamadera

نل

la canilla

غسل خانو
el baño

هیٹنگ
la calefacción
ٹوال
la toalla
شاور
la ducha
شاور کرٹین
la cortina de la ducha
ببل باٹ
el baño de espuma
باٹ ٹب
la bañadera
گلاس
el vaso
واشنگ مشین
el lavarropas
نل
la canilla
ٹائلز
las baldosas
پاٹي
la pelela
سنک
la pileta

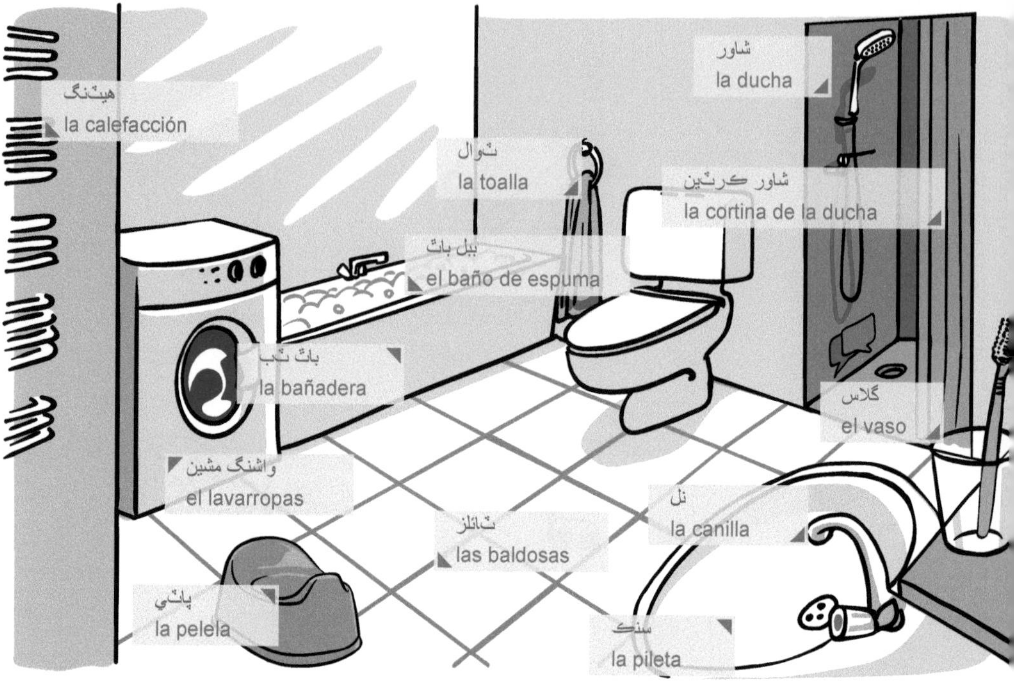

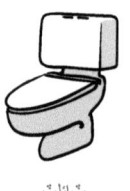

ٹائلٹ
el inodoro

اوکڑو ویھڻ وارو ٹوائلٹ
la letrina

شرم گاه ڌوئڻ وارو ٹب
el bidé

پیشاب گاھ
el mingitorio

ٹائلٹ پیپر
el papel higiénico

ٹائلٹ برش
el cepillo para el inodoro

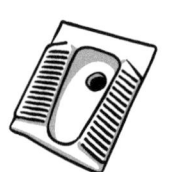

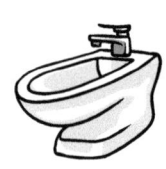

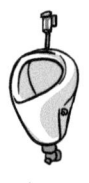

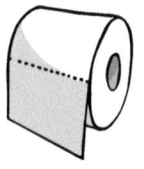

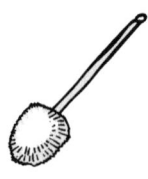

ښوټه برش

el cepillo de dientes

ښوټه پیسټ

el dentífrico

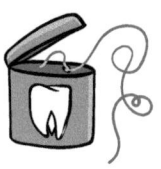

دینټل فلاس

el hilo dental

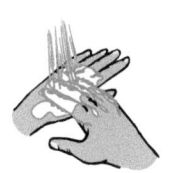

ووئن

lavar

هیند شاور

la ducha de mano

شاور

la ducha higiénica

بیک برش

la palangana

بیک برش

el cepillo para la espalda

صابین

el jabón

شاور جیل

el gel de ducha

شیمپو

el shampoo

فلالین

la toallita

ودرین

el desagüe

کریم

la crema

دیودورنټ

el desodorante

آئينو

el espejo

هٹ م پکړٹ وارو آئينو

el espejito

ريزر

la maquinita de afeitar

شيونگ فوم

la espuma de afeitar

آفټر شيو

el aftershave

کنگي

el peine

برش

el cepillo

هيئر ډرائير

el secador de pelo

هيئر اسپري

el spray

ميک اپ

el maquillaje

سرخي

el lápiz de labios

نيل وارنش

el esmalte para uñas

کپه

el algodón

نيل سيزر

la tijera para uñas

پرفيوم

el perfume

واش بيگ

el portacosméticos

اسٹول

la banqueta

وزن کرڻ واري مشين

la balanza

باٹ روب

la bata

ربڑ جا دستانا

los guantes de goma

ٹيمپون

el tampón

صفائي وارو ٹاول

la toallita femenina

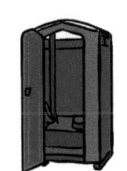

کيميائي ٹوائلٹ

el baño químico

ٻارن جو ڪمرو

el cuarto de los chicos

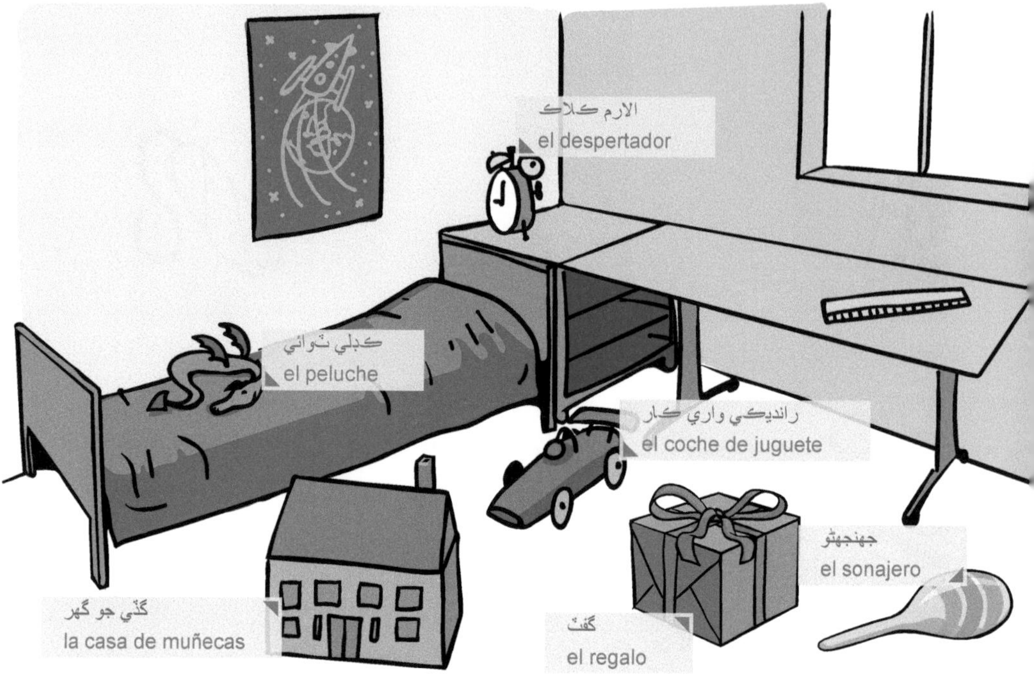

الارم ڪلاڪ
el despertador
ڪبلي ٽوائي
el peluche
رانديڪي واري ڪار
el coche de juguete
جهنجهٽو
el sonajero
گڏي جو گهر
la casa de muñecas
گفٽ
el regalo

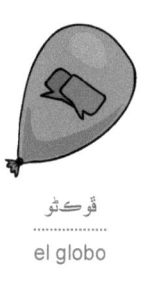

ڦوڪڻو

....

el globo

بيڊ

....

la cama

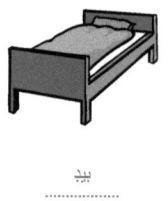

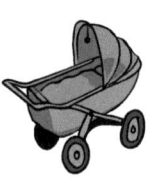

ٻار جي ڳاڏي

....

el cochecito

ديڪ آف ڪارڊز

....

las cartas

جگسا

....

el rompecabezas

SUPER
MEGA

ڪامڪ

....

la historieta

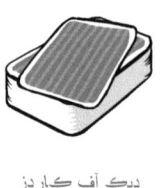

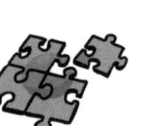

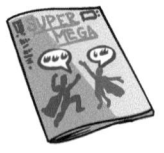

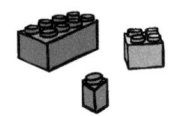

ليگوبرگس

las piezas de lego

رانديكن وارا بلاكس

los ladrillos de juguete

ايكشن فگر

la figura de acción

بيبي گرو

el enterito (de bebé)

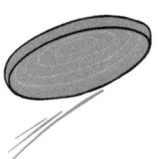

فرسبي

el frisbee

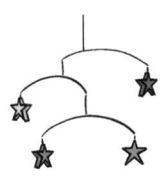

رانديكي واري موبائل

el móvil para bebés

بورڊ گيم

el juego de mesa

چهكو

los dados

مادل ٽين سيٽ

el tren eléctrico

بارن جي چوسڻ واري نپل

el chupete

پارٽي

la fiesta

تصوير واري كتاب

el libro de cuentos ilustrado

بال

la pelota

گڏي

la muñeca

كيڏڻ

jugar

سينڊ پِٽ

el arenero

جهولا

la hamaca

راندِيڪا

los juguetes

وڊيو گيم ڪنسول

la consola de videojuegos

ٽِن ڦيِٽن واري سائيڪل

el triciclo

ٽيڊي بيئر

el osito de peluche

ڪِپڙن جي الماري

el armario

لباس

la ropa

جرابا

las medias

اسٽاڪنگز

las medias panty

ٽائيٽس

las calzas

اسكارف
la bufanda

چتٔي
el paraguas

بيلٹ
el cinturón

نٔي شرٹ
la remera

جاگر شوز
las zapatillas

بوٹ
las botas

چپٔل
las pantuflas

سينڈل
las sandalias

جوتا
los zapatos

ربرٔ جا بوٹ
las botas de goma

انڈرپينٹٔس
la ropa interior

بريزر
el corpiño

واسكٹ
el chaleco

جسم

el body

پتلون

los pantalones

جينز پينٹ

los jeans

اسکرٹ

la pollera

چولو

la blusa

قمیض

la camisa

جرسي

el pulóver

ہوڈي

el buzo

بلیزر

el blazer

جیکٹ

la campera

کوٹ

el tapado

بارش م پانٹ وارو کوٹ

el piloto

پوشاک

el traje

لباس

el vestido

شادي جولباس

el vestido de novia

سوٽ
....
el traje

نائٽ گاؤن
....
el camisón

پاجامو
....
el pijama

ساڙي
....
el sari

مٿي تي ٻڌڻ وارو اسڪارف
....
el pañuelo para la cabeza

پڳڙي
....
el turbante

برقعو
....
la burka

ڪفتان
....
el caftán

عبايو
....
la abaya

تيراڪي جو لباس
....
el traje de baño

چڍي
....
el short de baño

نيڪر
....
los shorts

ٽريڪ سوٽ
....
el jogging

اپرن
....
el delantal

دستانا
....
los guantes

بٹن

el botón

چشمو

los anteojos

بریسلیٹ

la pulsera

هار

el collar

منڈی

el anillo

والیون

el aro

ٹوپی

la gorra

کوٹ هینگر

la percha

ٹوپی

el sombrero

ٹائی

la corbata

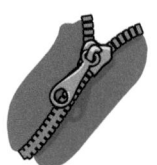

زپ

el cierre

هیلمٹ

el casco

بریسز

los tiradores

اسکول یونیفارم

el uniforme escolar

وردي

el uniforme

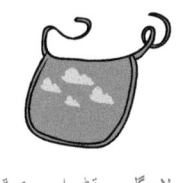

ٻارن لاءِ ڳلي ۾ ٻڌڻ وارو ڪپڙو

....

el babero

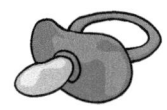

ٻارن جي چوسڻ واري نپل

....

el chupete

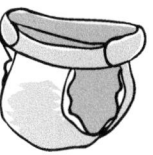

ڪڇو

....

el pañal

آفس

la oficina

سرور
el servidor
فائلن جي الماري
el archivero
ڪاغذ
el papel
پرنٽر
la impresora
مانيٽر
el monitor
ماؤس
el mouse
ميز
el escritorio
فولڊر
la carpeta
ڪي بورڊ
el teclado
ردي جي ٽوڪري
el tacho (de basura)
ڪمپيوٽر
la computadora
ڪافي مگ
la silla

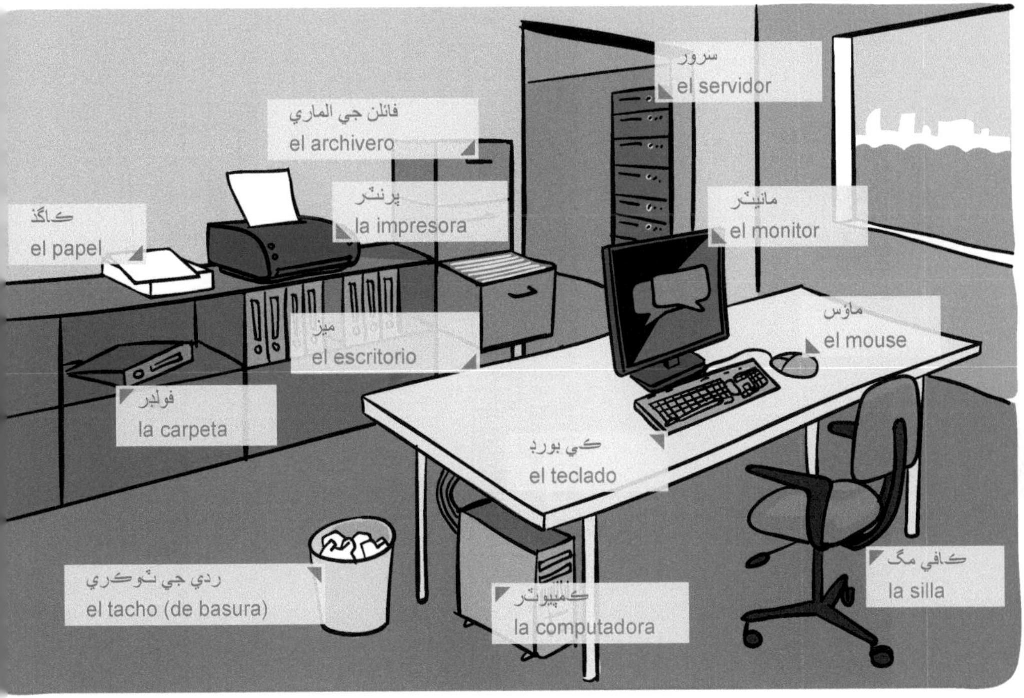

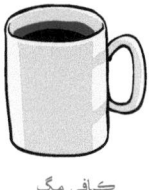

ڪافي مگ

....

la taza de café

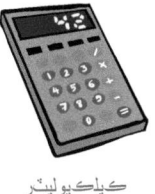

ڪيلڪيوليٽر

....

la calculadora

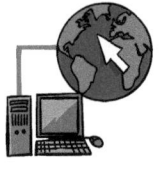

انٽرنيٽ

....

el internet

لیپ ٹاپ

la laptop

خط

la carta

پیغام

el mensaje

موبائل

el celular

نیٹ ورک

la red

فوٹو کاپی کرٹ واری مشین

la fotocopiadora

سافٹ ویئر

el software

ٹیلی فون

el teléfono

پلگ ساکٹ

el tomacorriente

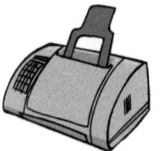

فیکس مشین

el fax

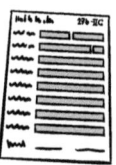

فارم

el formulario

دستاویز

el documento

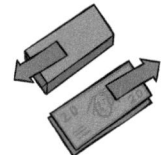

خرید کرڻ

comprar

ادا کرڻ

pagar

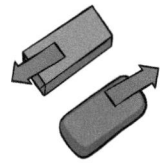

صاف کرڻ

hacer negocios

پيسا

el dinero

ڊالر

el dólar

يورو

el euro

يين

el yen

روبل

el rublo

سوئس فرانڪ

el franco suizo

رينمنيبى يوآن

el yuan

روپيو

la rupia

ڪيش پواننٽ

el cajero automático

رقم تبديل كرائڭ جي آفيس

la casa de cambio

سون

el oro

چاندي

la plata

خام تيل

el petróleo

توانائي

la energía

قيمت

el precio

معاهدو

el contrato

ٹيكس

el impuesto

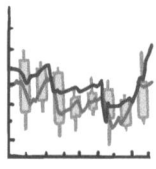

ذخيرو

la acción

كم كرڭ

trabajar

ملازم

el empleado

آجر

el empleador

فيكڭري

la fábrica

دكان

el negocio

پيشو
las ocupaciones

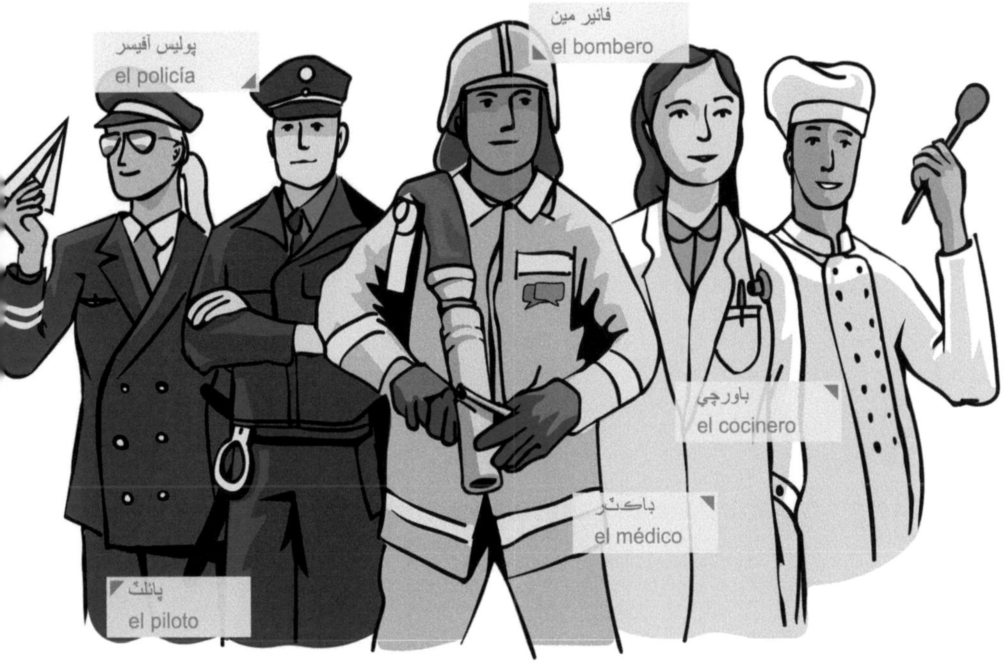

پوليس آفيسر
el policía
فائير مين
el bombero
باورچي
el cocinero
ډاکټر
el médico
پائلټ
el piloto

مالي

el jardinero

وايو

el carpintero

درزن

la modista

جج

el juez

کيميسټ

el farmacéutico

اداکار

el actor

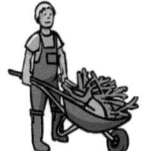

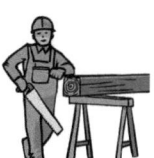

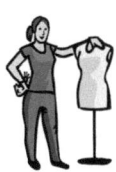

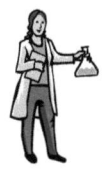

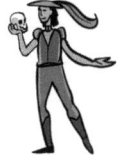

بس ڈرائیور

el colectivero

ٹیکسی ڈرائیور

el taxista

مچھی مارڻ وارو

el pescador

صفائي ڪرڻ واري ماني

la mucama

چھت ٺاھڻ وارو

el techista

ویٹر

el mozo

شڪاري

el cazador

رنگ ساز

el pintor

نانوائي

el panadero

الیڪٽريشن

el electricista

بلدر

el albañil

انجنيئر

el ingeniero

ڪاسائي

el carnicero

پلمبر

el plomero

پوسٽ مین

el cartero

سپاهي

el soldado

آركيٹيكٹ

el arquitecto

خزانچي

el cajero

گل کپائٹ وارو

el florista

نائي

el peluquero

کنڈیکٹر

el cobrador

مكينڪ

el mecánico

کپتان

el capitán

ڊینٹسٽ

el dentista

سائنسدان

el científico

يهودي عالم

el rabino

امام

el imán

راهب

el monje

پادري

el sacerdote

اوزار
las herramientas

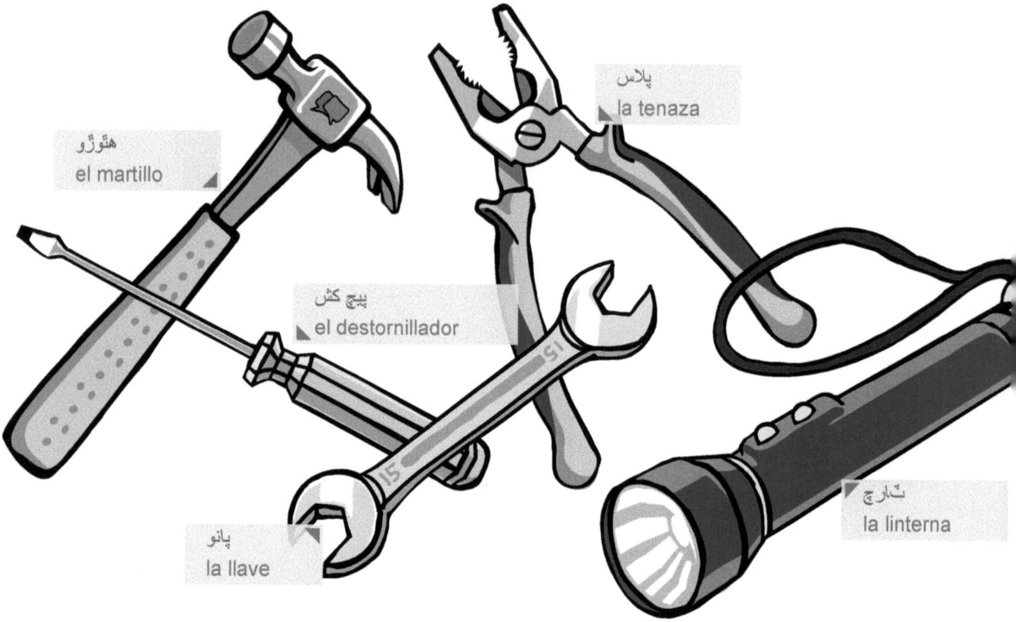

هٿوڙو
el martillo
پلاس
la tenaza
پيچ ڪش
el destornillador
پانو
la llave
ٽارچ
la linterna

ايڪسڪويٽر

la excavadora

ٽول باڪس

la caja de herramientas

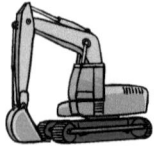

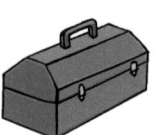

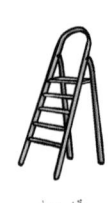

ڏاڪڻ

la escalera portátil

آري

la sierra

ڪوڪو

los clavos

ڊرل

el taladro

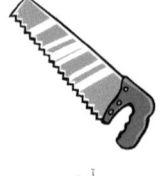

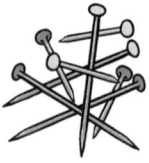

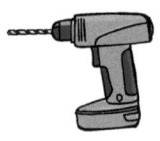

مرمت کرڻ
....
arreglar

بيلچو
....
la pala de jardín

لعنت هجي!
....
¡Qué bronca!

کچري دان
....
la pala de plástico

پينٽ وارو ڊٻو
....
el tacho de pintura

پيچ
....
los tornillos

موسيقي جا اوزار
los instrumentos musicales

ڊبل باس
la batería

لاؤڊ اسپيڪر
el parlante

گٽار
la guitarra

توتاري
la trompeta

ڊبل باس
el contrabajo

پيانو

el piano

وائلن

el violín

گٹار

el bajo

ٹمپاني

los timbales

ڈرم

el tambor

كي بورڈ

el teclado

سيكسوفون

el saxofón

بانسري

la flauta

مائيكروفون

el micrófono

چڙيا گهر

el zoológico

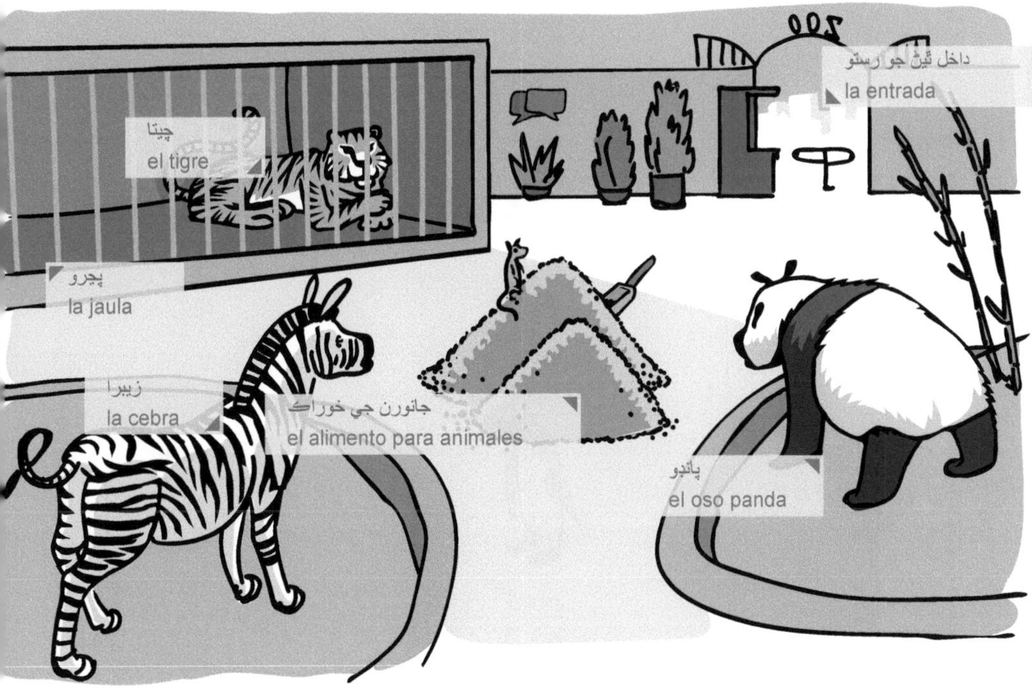

داخل ٿيڻ جو رستو
la entrada
چيتا
el tigre
پڃرو
la jaula
زيبرا
la cebra
جانورن جي خوراڪ
el alimento para animales
پانڊو
el oso panda

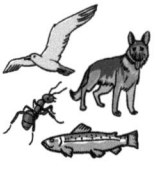

جانور

los animales

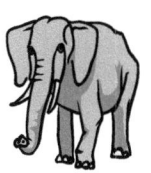

هاٿي

el elefante

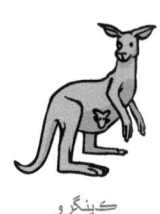

ڪينگرو

el canguro

گيندو

el rinoceronte

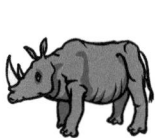

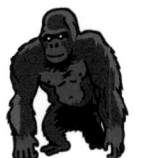

گوريلو

el gorila

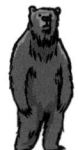

رڇ

el oso

اٺ

el camello

شتر مرغ

el avestruz

ٻينهن

el león

پولڙو

el mono

فلیمنگو

el flamenco

طوطو

el loro

برفاني رڇ

el oso polar

ڪبوتر

el pingüino

شارڪ

el tiburón

مور

el pavo real

نانگ

la serpiente

واڳون

el cocodrilo

چڙيا گهر جو محافظ

el cuidador del zoológico

گوج مڇي

la foca

چيتو

el jaguar

ٹٹّون

el poni

چيتو

el leopardo

درياني گھوڑو

el hipopótamo

چزراف

la jirafa

باز

el águila

سونر

el jabalí

مڇي

el pescado

كمي

la tortuga

سامونڊي گھوڙو

la morsa

لومڙي

el zorro

هرڻ

la gacela

los deportes

أمريكن فوتبال
el fútbol americano

ساïكلنگ
el ciclismo

تïنس
el tenis

باسكïبال
el básquet

تïراكي
la natación

باكسنگ
el boxeo

آïس هاكي
el hockey sobre hielo

فوتبال
el fútbol

بïيندمنتïن
el bádminton

ايتھليتïكس
el atletismo

ھينڈبال
el handball

اسكïينگ
el esquí

پولو
el polo

las actividades

ٽپو ڏيڻ
saltar
پاڪر پائڻ
abrazar
کلڻ
reír
هلڻ
caminar
گانو ڳائڻ
cantar
خواب ڏسڻ
soñar
دعا ڪرڻ
rezar
چمي ڏيڻ
besar

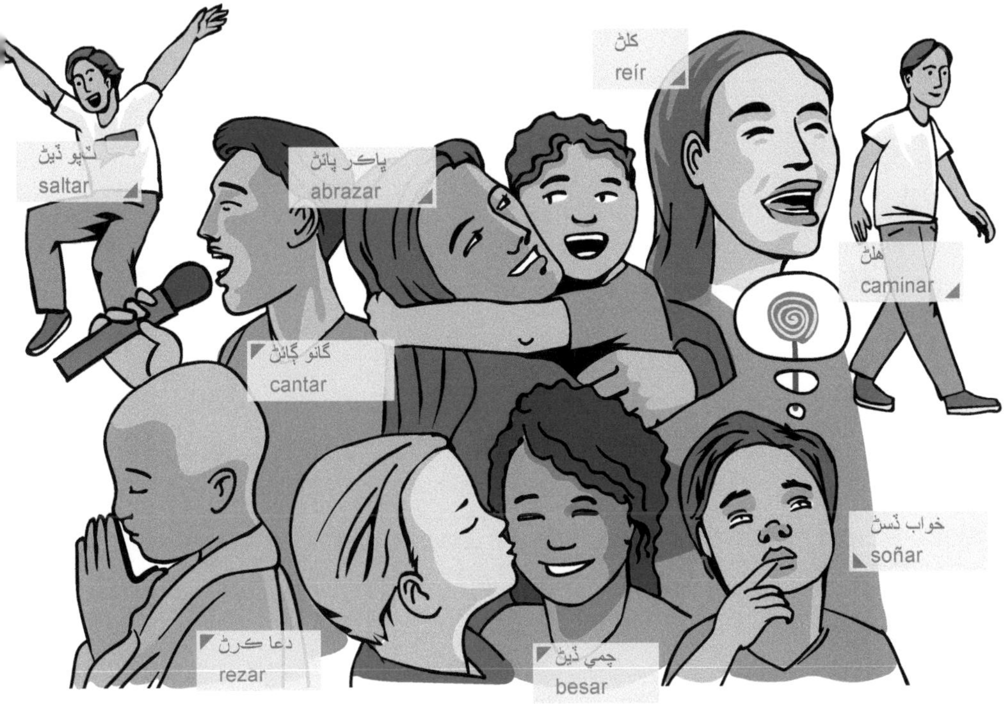

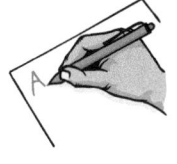

لکڻ
escribir

تصوير ڪشي ڪرڻ
dibujar

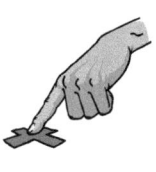

ڏيکارڻ
mostrar

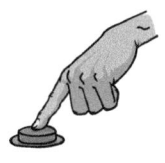

ڌڪو ڏيڻ
presionar

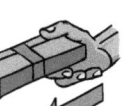

ڏيڻ
dar

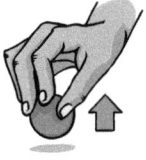

وٺڻ
tomar

رکھ

tener

کرن

hacer

ٹیٹ

ser

بیھٹ

estar parado

پچٹ

correr

چکن

tirar

اچلانٹ

tirar

کرٹ

caer

کوڑ گالھانٹ

estar acostado

اندظار کرٹ

esperar

کٹی وجن

llevar

ویھٹ

estar sentado

تیار ٹیٹ

vestirse

سمنھٹ

dormir

جاگٹ

despertar

ڏِسڻ

mirar

روئڻ

llorar

ڍَڪ ھَٿَ

acariciar

ڪنگي ڪرڻ

peinar

ڳالھائڻ

hablar

سمجھڻ

entender

پُڇِڻ

preguntar

ٻُڌڻ

escuchar

پِيڻ

beber

کائڻ

comer

صاف ڪرڻ

ordenar

پيار ڪرڻ

amar

پچائڻ

cocinar

گاڏي ھلائڻ

manejar

اڏرڻ

volar

بحري سفر کرڻ
navegar

حساب کرڻ
calcular

پڙهڻ
leer

سکڻ
aprender

کم کرڻ
trabajar

شادي کرڻ
casarse

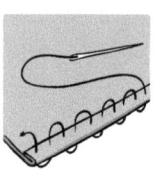

سيئڻ
coser

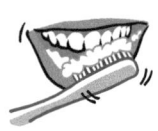

ڏندن کي برش کرڻ
cepillarse los dientes

قتل کرڻ
matar

سگريٽ پيئڻ
fumar

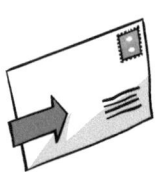

موکلڻ
enviar

خاندان
la familia

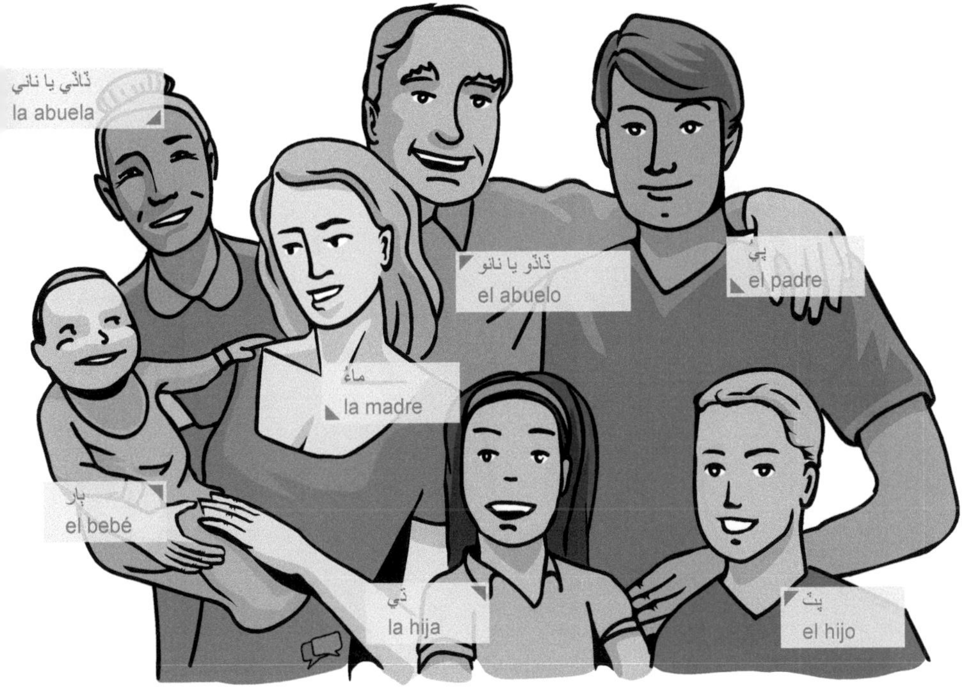
ڏاڏي يا ناني
la abuela
ڏاڏو يا نانو
el abuelo
پيُ
el padre
ماءُ
la madre
ٻار
el bebé
ڌي
la hija
پٽ
el hijo

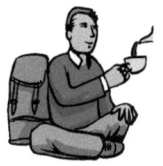

مهمان

el invitado

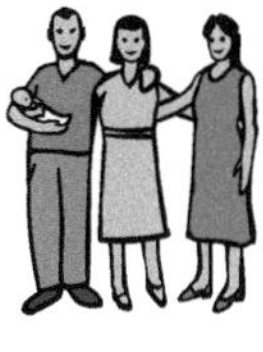

چاچي

la tía

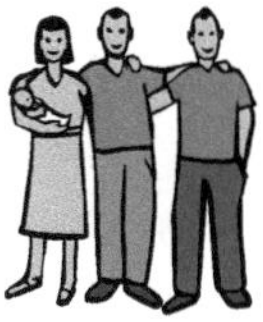

چاچو

el tío

ڀاءُ

el hermano

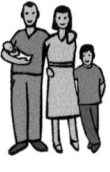

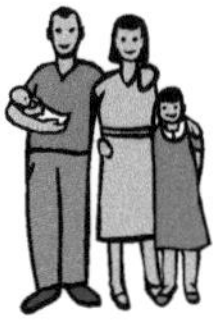

ڀيڻ

la hermana

el cuerpo

پیشانی
la frente

اک
el ojo

کلهو
el hombro

اگر
el dedo

منهن
la cara

کاڈي
la pera

هٿ
la mano

ٽنگ
la pierna

چاتي
el pecho

ٻانهن
el brazo

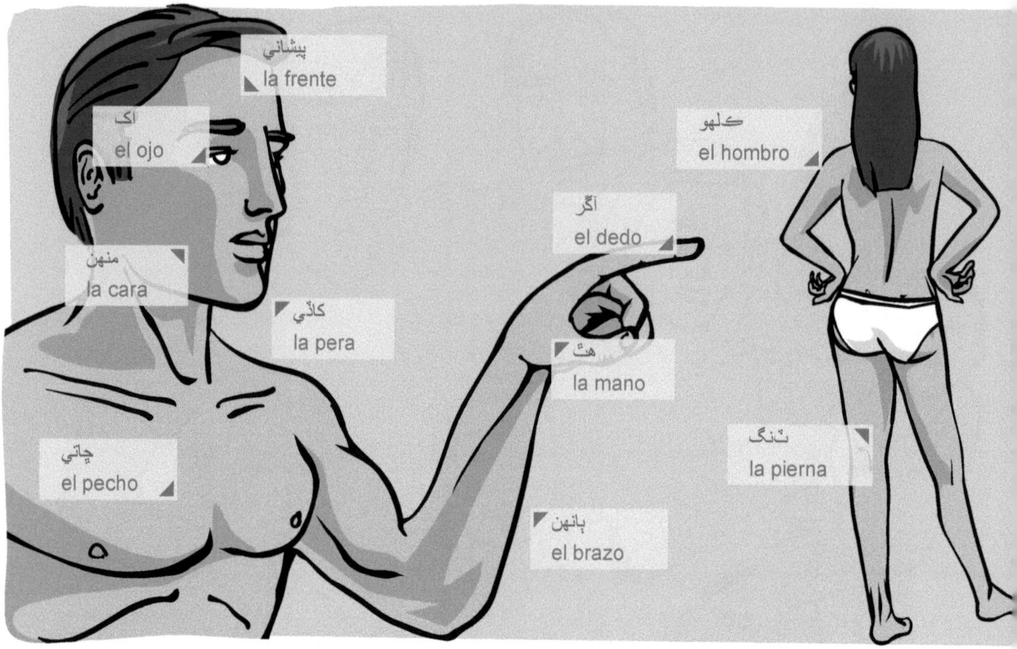

ٻار
el bebé

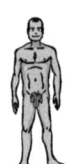

ماڻهون
el hombre

عورت
la mujer

چوڪري
la nena

چوڪرو
el nene

مٿو
la cabeza

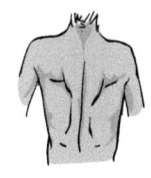

پٺِي

la espalda

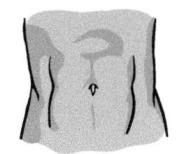

پيٽُ

la panza

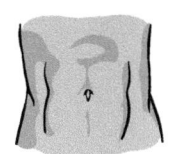

دن

el ombligo

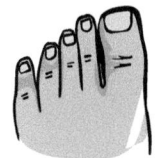

پير جو آڱوڻو

el dedo del pie

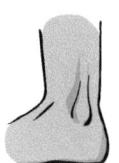

کُڙِي

el talón

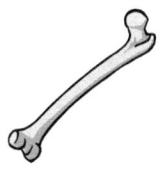

هڏِي

el hueso

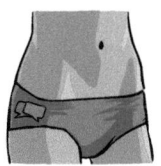

ٻنڊڻ

la cadera

گوڏو

la rodilla

ٺونٺ

el codo

نڪ

la nariz

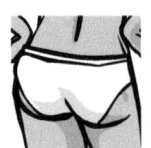

هيٺيون حصو

la cola

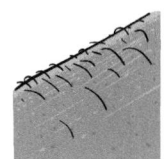

کل

la piel

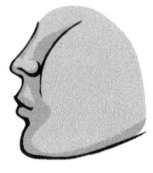

ڳل

el cachete

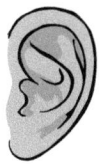

ڪن

la oreja

چپ

el labio

وات

la boca

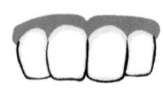

ڈنڈ

el diente

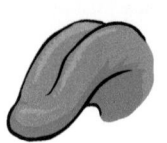

زبان

la lengua

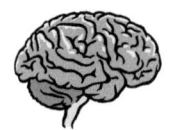

دماغ

el cerebro

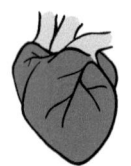

دل

el corazón

ڻورو

el músculo

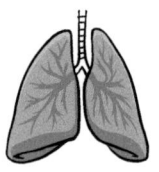

ڦيڦ

el pulmón

جگر

el hígado

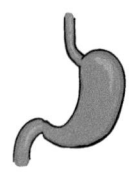

معدو

el estómago

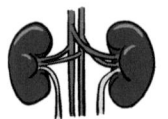

گردا

los riñones

جماع ڪرڻ

el sexo

ڪنڊوم

el preservativo

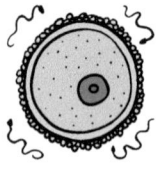

ٻيضہ

el óvulo

مني

el semen

حمل

el embarazo

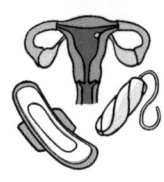

حيض

la menstruación

پچيداني جي نالي

la vagina

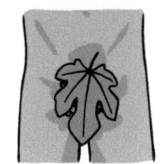

مردانو مخصوص عضوو

el pene

پرون

la ceja

وار

el pelo

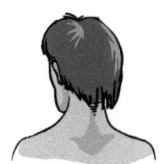

ڳچي

el cuello

اسپتال

el hospital

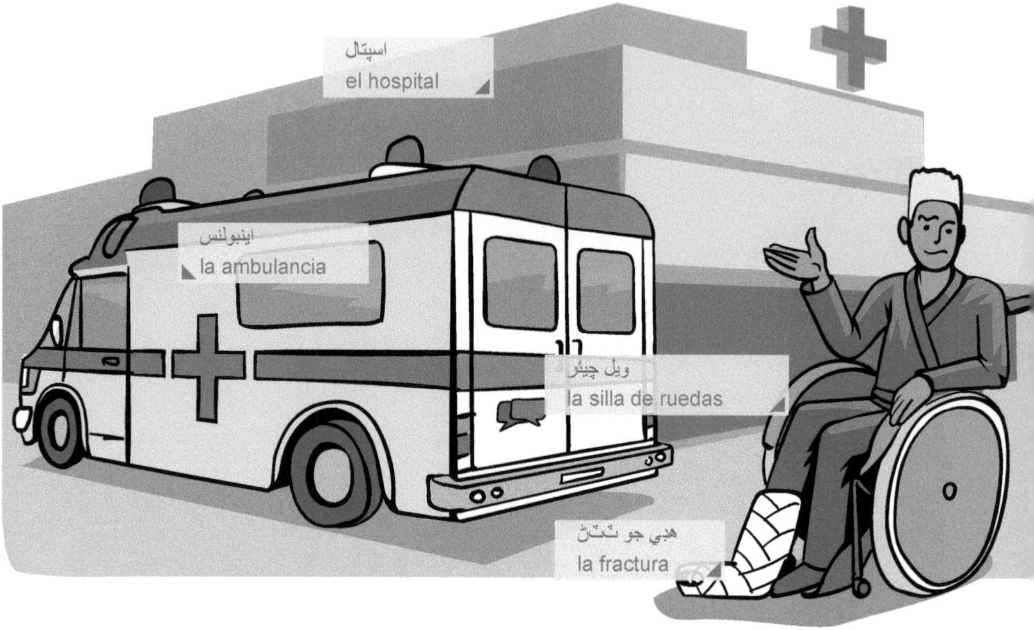

اسپتال
el hospital
اينبولنس
la ambulancia
ويل چيئر
la silla de ruedas
هڏي جو ٽٽڻ
la fractura

ڊاڪٽر

el médico

هنگامي ڪمرو

la sala de guardia

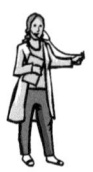

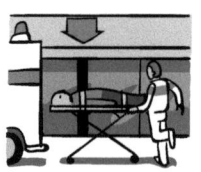

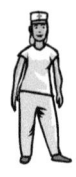

نرس

la enfermera

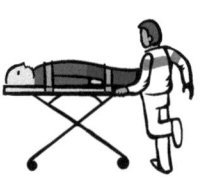

ايڪسري

la emergencia

بيهوش

inconsciente

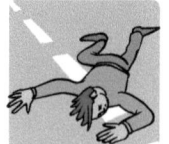

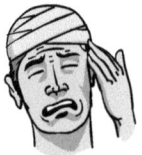

سور

el dolor

زخم
la lesión

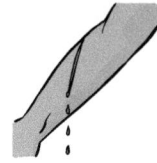

رت وهڅ
la hemorragia

دل جو دورو
el infarto

فالج
el ACV

الرجي
la alergia

كنګهه
la tos

بخار
la fiebre

زکام
la gripe

دست
la diarrea

مَتّي جو سور
el dolor de cabeza

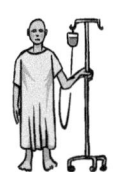

كينسر
el cáncer

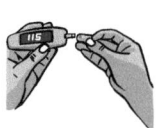

ذيابيطس
la diabetes

سرجن
el cirujano

جراحي بليډ
el bisturí

آپريشن
la operación

سي تّي

la TC

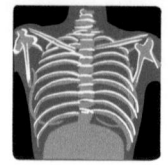

ايكسري

los rayos x

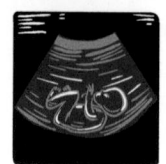

الٹرا ساؤنڈ

la ecografía

منهن جي ماسک

el barbijo

بيماري

la enfermedad

انتظار کرڻ جو کمرو

la sala de espera

بيساکهي

la muleta

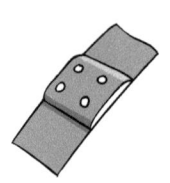

پالاسٹر

la curita

پٹّي

la venda

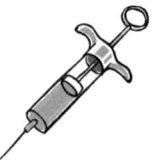

انجيکشن

la inyección

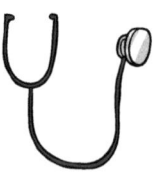

اسٹيٿهوسکوپ

el estetoscopio

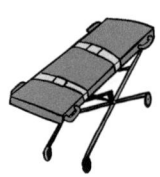

اسٹريچر

la camilla

ٿرماميٹر

el termómetro

پيدائش

el nacimiento

موٽاپو

el sobrepeso

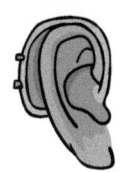

ہٹ واری ڈیوائس

el audífono

جراثیم کش

el desinfectante

انفیکشن

la infección

وائرس

el virus

ایچ آئ وی / ایڈز

el VIH / SIDA

دوا

el remedio

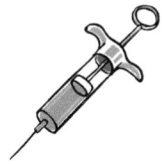

ویکسینیشن

la vacunación

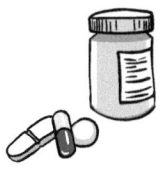

ٹکی

los comprimidos

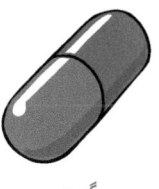

گوری

la pastilla anticonceptiva

ہنگامی کال

la llamada de emergencia

بلڈ پریشر مانیٹر

el tensiómetro

بیمار / صحت

enfermo / sano

مدد

¡Ayuda!

الارم

la alarma

جسماني حملو ڪرڻ

la agresión

حملو ڪرڻ

el ataque

خطره

el peligro

هنگامي حالت ۾ نڪرڻ جو رستو

la salida de emergencia

باه

¡Fuego!

باه وسائڻ جو اوزار

el matafuego

حادثو

el accidente

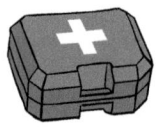

ابتدائي طبي امداد

el botiquín de primeros
auxilios

ايس او ايس

el SOS

پوليس

la policía

يورپ

Europa

اتر آمریکا

América del Norte

ڈکڻ آمریکا

América del Sur

أفریقا

África

ایشیا

Asia

أسٹریلیا

Australia

ائلانٹک

el Atlántico

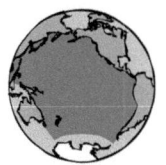

پیسفک

el Pacífico

بحر هند

el Océano Índico

انٹارکٹک سمندر

el Océano Antártico

آرکٹک سمندر

el Océano Ártico

اتر قطب

el polo norte

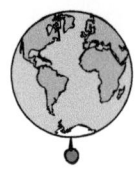

ذكر قطب
....
el polo sur

انٹارکٹیکا
....
la Antártida

زمین
....
la Tierra

زمین
....
la tierra

سمندر
....
el mar

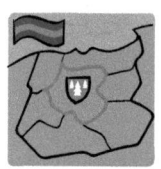

جزیرو
....
la isla

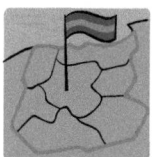

قوم
....
la nación

ریاست
....
el estado

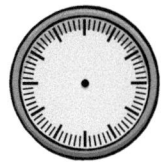

گھڙي جو سامهون حصو

la esfera

كلاك واري سوئي

la manecilla de las horas

منٽ واري سوئي

el minutero

سيڪندن واري سوئي

el segundero

ٽائم گھٽ ٿيو آهي؟

¿Qué hora es?

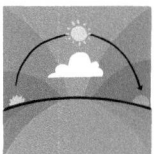

ڏينهن

el día

وقت

la hora

هاڻي

ahora

ڊجيٽل گھڙي

el reloj digital

منٽ

el minuto

كلاك

la hora

la semana

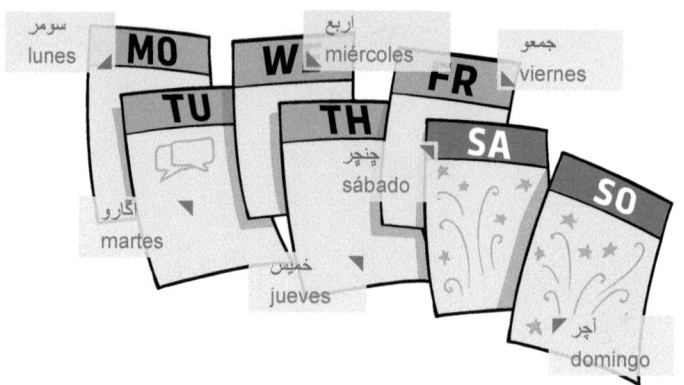

سومر
lunes

اربع
miércoles

جمعو
viernes

اڱارو
martes

ڇنڇر
sábado

خميس
jueves

اڄر
domingo

كله
....
ayer

اڄ
....
hoy

سباڻي
....
mañana

صبح
....
la mañana

منجهند
....
el mediodía

شام
....
la tarde

ڪاروباري ڏينهن
....
los días hábiles

هفتي جو آخر
....
el fin de semana

سال
el año

برسات
la lluvia
انڊلٺ
el arco iris
برف
la nieve
هوا
el viento
بهار
la primavera
خزان
el otoño
گرمي جي موسم
el verano
سردي جي موسم
el invierno

4.APRIL 11°
5.APRIL 4°
6.APRIL 13°
7.APRIL 8°
8.APRIL 10°

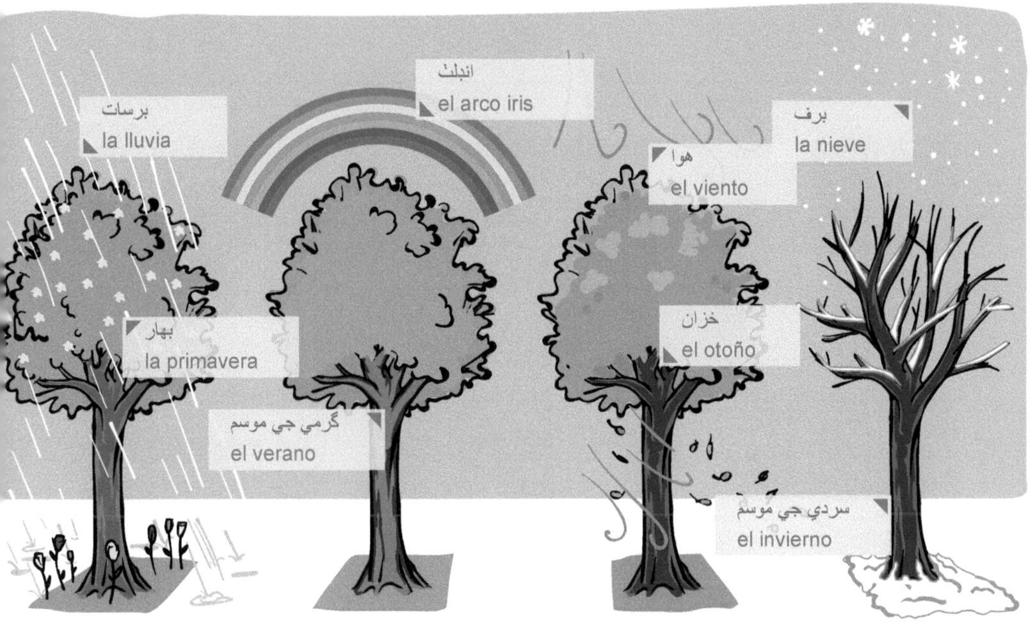

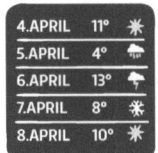

موسم جي پيشنگوهي
....
el pronóstico meteorológico

F C
120 40
90 30
60 20
30 10
0 0
-30 -10
-20

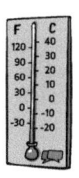

ٿرماميٽر
....
el termómetro

اُس
....
la luz del sol

بادل
....
la nube

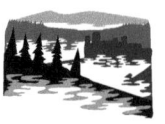

ڌنڌ
....
la niebla

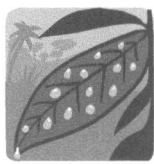

نمي
....
la humedad

آسماني بجلي

el rayo

ٹرمامينّر

el trueno

طوفان

la tormenta

گڙڙ جو مينهن

el granizo

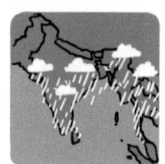

مون سون

el monzón

ٻوڏ

la inundación

برف

el hielo

جنوري

enero

فيبروري

febrero

مارچ

marzo

اپريل

abril

مئي

mayo

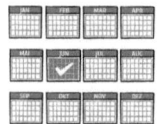

جون

junio

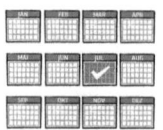

جولاَئي

julio

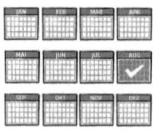

آگسٽ

agosto

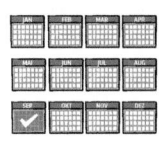

سِيپْٹمبر
....
septiembre

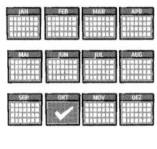

آكْٹوبر
....
octubre

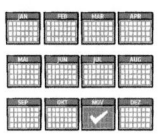

نوٚمبر
....
noviembre

ڈسمبر
....
diciembre

شَكلون

las formas

دائرو
....
el círculo

چَكور
....
el cuadrado

مستطیل
....
el rectángulo

ٹْكَنڈي
....
el triángulo

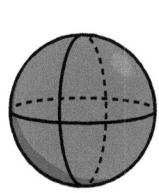

كرہ
....
la esfera

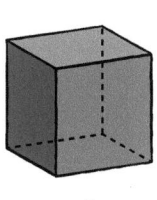

كَعب
....
el cubo

colores

اڇو

blanco

پيلو

amarillo

نارنجي

naranja

گلابي

rosa

ڳاڙهو

rojo

جامني

violeta

نيرو

azul

سائو

verde

ناسي

marrón

پورو

gris

ڪارو

negro

گھٹو / ٹورو

mucho / poco

ناراض / پر سکون

enojado / tranquilo

خوبصورت / بدصورت

lindo / feo

شروعات / ختم

el principio / el fin

وڈّو / ننّھو

grande / chico

روشني / اونده

claro / oscuro

بھن / بھائي

el hermano / la hermana

صاف / خراب

limpio / sucio

مکمل / نا مکمل

completo / incompleto

ڈينھن / رات

el día / la noche

مرده / زنده

muerto / vivo

ڈگھو / تنگ

ancho / angosto

كائٽ قابل نه هجڻ / كائٽ جي قابل هجن

comestible / no comestible

برو / سٺو

malo / amable

پرجوش / بوريت جوشڪار

entusiasmado / aburrido

موٽو / پتلو

gordo / flaco

پهريون / آخري

primero / último

دوست / دشمن

el amigo / el enemigo

ڀريل / خالي

lleno / vacío

سخت / نرم

duro / blando

ڳرو / هلڪو

pesado / liviano

بک / اڃ

el hambre / la sed

بيمار / صحت

enfermo / sano

غيرقانون / قانوني

ilegal / legal

عقلمند / بيوقوف

inteligente / estúpido

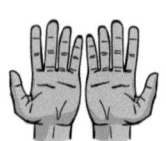

سڏو / ابتو

izquierda / derecha

ويجهي / پري

cerca / lejos

ننون / استعمال ٹیل

nuevo / usado

کجه به نه / کجه

nada / algo

پوړهو / نوجوان

viejo / joven

آن / آف

encendido / apagado

کلیل / بند

abierto / cerrado

خاموش / بلند آواز سان

silencioso / ruidoso

امیر / غریب

rico / pobre

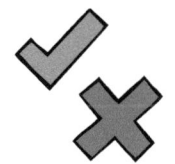

صحیح / غلط

correcto / incorrecto

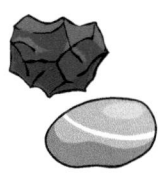

کهورو / لسو

áspero / suave

غمگین / خوش

triste / contento

مختصر / بگهو

corto / largo

آهسته / تیز

lento / rápido

آلو / سکل

mojado / seco

گرم / ټنو

caliente / frío

جنگ / امن

guerra / paz

los números

0

زيرو

cero

1

هک

uno

2

به

dos

3

ټي

tres

4

چار

cuatro

5

پنځ

cinco

6

څه

seis

7

ست

siete

8

اٺ

ocho

9

نوَ

nueve

10

لّه

diez

11

يارهن

once

12

بارهن

doce

13

تيرهن

trece

14

چوڈهن

catorce

15

پندرهن

quince

16

سورهن

dieciséis

17

سترهن

diecisiete

18

ارڑهن

dieciocho

19

اوٹويه

diecinueve

20

ويه

veinte

100

سو

cien

1.000

هزار

mil

1.000.000

ڈه لک

el millón

انگريزي

el inglés

آمريكي انگريزي

el inglés americano

چيني ميندارن

el chino mandarín

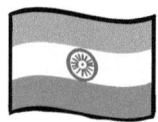

هندي

el hindi

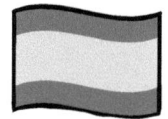

اندلسي ٻولي

el español

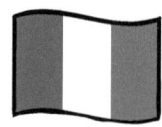

فرانسيسي

el francés

عربي

el árabe

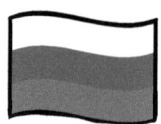

روسي

el ruso

پرتگالي

el portugués

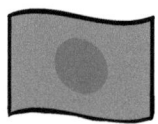

بنگالي

el bengalí

جرمن

el alemán

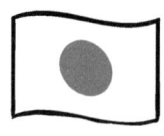

جاپاني

el japonés

مان

yo

تون

vos

هي چوكري/ هي چوكرو / هو

él / ella

اسان

nosotros

تون

ustedes

هو

ellos

كير؟

¿quién?

چا؟

¿qué?

كيئن

¿cómo?

كٿي؟

¿dónde?

كڏنهن؟

¿cuándo?

نالو

el nombre

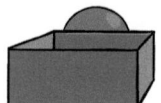

پويان

detrás

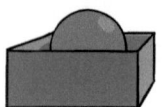

en

جي سامهون

adelante de

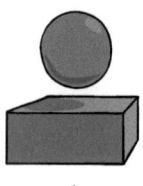

مٿّي

por encima de

تي

sobre

هيٺ

debajo de

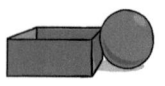

ڀَ

al lado de

وچ م

entre

جڳهه

el lugar